Te quiero,
Mamá

Queremos agradecer a Susan Polis Schutz por permitirnos la impresión del siguiente poema que aparece en esta publicación "Tenerte en mi vida hizo que crecer fuera un poco más fácil." Propiedad intelectual © 1983 de Stephen Schutz y Susan Polis Schutz. Todos los derechos reservados. Y Paula Finn por "¿Dónde estaría yo sin ti?" Propiedad intelectual © 2016 de Paula Finn. Todos los derechos reservados. Y Jason Blume por "En mi infancia...." Propiedad intelectual © 2004 de Jason Blume. Todos los derechos reservados.

ISBN: 978-1-59842-992-3

Impreso en China.
Segunda impresión en español: 2016

Este libro se imprimió en papel reciclado.

Este libro está impreso en papel que ha sido producido especialmente para estar libre de ácido (pH neutral) y no contiene madera triturada ni pulpa no blanqueada. Cumple todos los requisitos del American National Standards Institute, Inc., lo que garantiza que este libro sea duradero y pueda ser disfrutado por generaciones futuras.

Blue Mountain Arts, Inc.
P.O. Box 4549, Boulder, Colorado 80306, EE.UU.

Te quiero, Mamá

Una colección de Artes Monte Azul™

Editada por Becky McKay

Artes Monte Azul™
Blue Mountain Arts, Inc., Boulder, Colorado

Gracias por ser mi mamá

Mamá, cada vez que leas esto, espero que recuerdes… que no puedo siquiera imaginar una madre más maravillosa que tú.

Quiero que estas palabras me ayuden a darte las gracias más sentidas que he dado a nadie en mi vida. Gracias por todas las cosas tiernas, abundantes que haces y las formas generosas en que contribuyes a mi vida.

La luz que brilla en ti ha estado siempre presente para iluminar el camino que tengo por delante, y no hay un sólo día que pase sin que mi vida se entibie con la tuya. Gracias por tu sabiduría, aliento, apoyo estable y amor constante.

Con todo mi corazón, gracias por ser un regalo más invaluable de lo que puedan expresar las palabras. Gracias por ser mi mamá.

— Douglas Pagels

¿Dónde estaría yo sin ti?

Me diste un comienzo tan sano y feliz en la vida, y me has alentado incesantemente desde entonces. Eres la persona en la que siempre he confiado completamente para responder con una mano de ayuda y un corazón abierto a mis necesidades más pequeñas y más grandes.

Me criaste para pensar de manera independiente, crear apasionadamente y soñar con osadía. Nunca sentí la presión de ser exactamente como tú o de moldear mi vida a la tuya. Me diste la libertad de formar mi propio estilo, forjar mis propias habilidades… y descubrir lo que me hace más feliz.

Nunca esperaste que fuera perfecta. Comprendiste que una pequeña rebelión formaba parte del crecimiento y que los errores son parte del aprendizaje.

Me mostraste cómo sacar el mayor provecho de los buenos momentos y enfrentar los momentos difíciles con coraje. Te he visto sacar fortaleza de la debilidad y transformar los inconvenientes en oportunidades de éxito. Has obtenido algo positivo de cada experiencia — buena o mala — y me has inspirado a hacer lo mismo.

Tu influencia es la raíz de todas mis fortalezas y la razón de que haya crecido para ser segura, capaz y feliz con mi vida.

— Paula Finn

En mi infancia, creo que
no entendía cuán duro trabajabas
para darme todo aquello
que querías que yo tuviera.
Tal vez haya quien diga que es
el deber de una madre.
Pero cuando me pongo a recordar,
sé que tú hiciste mucho más
y diste mucho más
de lo que requiere el deber.
Y lo hiciste con mucho amor.

Dejaste de lado tus propias necesidades
para cuidar de mí.
Ahora, como persona adulta,
entiendo todo lo que tú sacrificaste,
y sé que es mi buena fortuna
tener la bendición
de una madre tan maravillosa.

— Jason Blume

Es un honor llamarte Mamá

He compartido una relación contigo desde el momento en que nací. Nuestra unión es enorme y, aunque a veces no sea perfecta, es algo con lo que puedo contar cuando parece que todo lo demás se desmoronara.

Estoy tan contenta de que Dios en Su sabiduría infinita me haya permitido ser tuya, ser tu hija y tu amiga. Más que nada, estoy tan agradecida de haber tenido el honor de amarte y llamarte mi madre.

— Pamela Malone-Melton

Tú eres tantas cosas maravillosas para mí

Tú eres mi extraordinario modelo de vida.
Tú eres mi fuente de sensatas recomendaciones.
Tú eres mi sabia consejera en todas
las mejores cosas que aprendí sobre la vida.
Tú eres mi compañera de viaje,
amorosamente a mi lado en el camino
hacia todos mis mañanas.
Tú eres un ángel guardián
con alas ocultas.

Tú eres el mejor sistema de apoyo imaginable.
Tú eres amplios brazos abiertos, abrazos contenedores
y las más bellas sonrisas que jamás conoceré.
Tú eres todo lo que admiro en una persona,
y tú eres lo que el amor incondicional
significa para mí.

— Chris Gallatin

Tenerte en mi vida hizo que crecer fuera un poco más fácil

Cuando tienes una madre
que te quiere tanto
que cualquier cosa que quieras
está antes que sus deseos
Cuando tienes una madre
que es tan comprensiva que
sin importar qué te esté preocupando
puede hacerte sonreír

Cuando tienes una madre
que es tan fuerte que
no importa qué obstáculos enfrente
siempre está confiada frente a ti
Cuando tienes una madre
que activamente persigue sus metas
    en la vida
pero te incluye en todas sus metas
eres verdaderamente muy afortunada
Tener una madre así
hace que sea sencillo convertirse
en un adulto afectuoso y fuerte

— Susan Polis Schutz

Siempre te necesitaré

No importa la edad que tenga,
seguiré necesitando que me digas
que estás orgullosa de mí.
Necesitaré tu consejo,
aunque pueda no seguirlo.
Necesitaré saber cómo estás —
aún cuando no te sientas bien
o prefirieras no ser una “carga” para mí
con tus problemas.
No importa lo ocupada que esté,
siempre necesitaré escucharte decir
que hoy pensaste en mí.
Necesitaré escuchar tu voz,
aunque yo no tenga
tiempo para hablar.
Todavía necesito saber que me amas.

No importa lo disgustada que yo esté,
siempre necesitaré escucharte decir
que sabes que yo puedo resolver las cosas.
Seguiré necesitando escuchar
tu honesta opinión,
aunque ello pueda enojarme.
Querré conocer
tus experiencias,
aunque me lleve años
aprender de ellas
o aplicarlas a mis propias situaciones.
No importa lo que esté sucediendo en mi vida…
Siempre te necesitaré.

— Gail Dickert

Diez cosas geniales sobre ti, Mamá

- Tú sabes exactamente qué decir para alegrarme.
- Tú me inspiras a ser una mejor persona.
- Tú das unos abrazos geniales.
- Tú me dices que me amas y estás orgullosa de mí.
- Tú me enseñaste sobre la vida, el amor y a seguir mis pasiones.

- Tú me diste el don de la vida.
- Tú eres un gran ejemplo de lo que es ser una madre.
- Tú me reconfortas cuando estoy triste y compartes mi dicha cuando soy feliz.
- Tú crees en mí con todo tu corazón.
- Tú estás siempre presente para ayudarme, no importa qué suceda.

Todo el mundo debería tener una mamá como tú

Todo el mundo necesita a alguien
que lo ame de una manera especial —
que lo sostenga al atravesar las tormentas
de la vida,
comparta todo lo que sucede en un día,
ofrezca un hombro sobre el cual recostarse
y esté presente para cuidarlo.

Todo el mundo necesita a alguien
que comparta las zozobras de su corazón,
que escuche como nadie más puede hacerlo
    o lo hará,
que considere sus preocupaciones seriamente
y ofrezca el consejo más meditado,
que piense solamente en lo mejor.

Todo el mundo necesita a alguien que lo ame
    de una manera especial.
Sólo deseo que todo el mundo tenga a alguien
tan especial como tú.

— Barbara J. Hall

Te he admirado toda mi vida

Una y otra vez, eres quien
anuncia que está orgullosa de mí,
pero hoy es mi turno de hablar de orgullo
y de ponerte en el centro de atención
por la vida que has vivido
y el ejemplo que has sido para mí.
Sin importar las situaciones que nos han tocado,
las has manejado con honor y gracia.
Eres una mujer con innumerables habilidades.

Te he admirado toda mi vida;
mientras crecía,
creía que podías hacer casi cualquier cosa.
El orgullo que me inspiras va más allá
de todas las cosas que has hecho.
Me enorgullece la persona que siempre has sido —
amable, atenta, confiable y sabia.
Así que soy yo quien está alardeando...
¡porque tengo una mamá
que me enorgullece tanto!

— Cheryl Barker

Siempre has estado a mi lado

A medida que yo iba creciendo,
muchas cosas pasamos juntos en equipo.
Hiciste que mi vida fuera la tuya,
sacrificando tu dicha en pos de la mía.
Tú nunca me abandonaste.
Estuviste sencillamente a mi lado,
diciéndome que saldría adelante
superando todos los obstáculos con
que me topara.

En ocasiones mis ojos se llenaban
    de lágrimas
y la duda me carcomía el pecho.
En esos momentos en que me sentía
    tan frágil,
tú eras la firme roca que me sostenía
para que no me viniera abajo.
Tú eras tan fuerte y benévola,
tan dulce y comprensiva.
Tú me has dado mucho más
que lo que yo merecía
y en verdad no sé
qué hubiera sido de mí sin ti.
Mi corazón está henchido de dicha,
gracias a ti…
gracias a tu alegría,
gracias a tu amor.

— Shannon M. Dickinson

Lo mejor de mí te lo debo a ti

Si soy fuerte, Mamá, es porque tú me
enseñaste a superar los obstáculos sin
dejarme intimidar.
Si soy tierna, es porque tú supiste ampararme
junto a tu corazón en los momentos de
tristeza y esperar conmigo que pasaran.
Si tengo sentido del humor, es porque tú me
animaste a reír y a mantener en
perspectiva los desafíos del vivir.

Si soy independiente y segura de mí misma,
es porque supiste infundirme la
confianza de tener mis propias ideas y
decidir por mí misma.
Si tengo compasión, es porque tú me
mostraste la importancia de pensar en los
demás y no en los bienes materiales.
Si sé amar y tener pasión, es porque tú me
diste tu amor a través de los altibajos del
crecer y lanzarme a la vida.

Trataré de no olvidar que lo mejor de mí te
lo debo a ti.

— Judith Hintz Tanaka

Cuando te contemplo, veo vida, amor y mucho más

Cuando te contemplo, Mamá, veo mi vida en tus ojos. Veo la fortaleza que tú siempre me ofreces, el consuelo constante, el apoyo que me proporcionas y la magnitud del amor que compartes generosamente.

Veo las lágrimas que esparces cuando lloro, la risa que acompaña mi risa, la esperanza que guardas para mí en los desencantos y la fe que tienes en mí cuando me enfrento con los desafíos de la vida.

Veo los muchos sacrificios que has hecho y haces por mí, la inspiración cuando necesito guía, la devoción de madre que me dispensas y el aliento que me das cuando necesito una amiga.

Cuando te contemplo, veo mi vida en tus ojos, siento tu gran amor.

— Susan Hickman Sater

Estoy agradecida eternamente por tenerte a ti

Sostuviste mi mano a lo largo de toda mi vida,
encontraste paciencia y comprensión
cuando hice elecciones equivocadas,
me alentaste en todos mi momentos de éxito
y me enseñaste a brindarme
a los demás desde el corazón.

Me protegiste cuando tenía miedo,
me defendiste del peligro,
me permitiste crecer y crear sueños
y me motivaste
a dar vida a esos sueños.
Nunca perdiste la fe en mí,
nunca me abandonaste,
y nunca dejaste que viviera
un solo día de mi vida
sin sentirme especial.
Gracias por amarme tanto
y por darme lo mejor de ti.
Nunca viviré un día de mi vida
sin sentirme agradecida.

— Debra Heintz Cavataio

Pensar en ti nunca deja de iluminar mi día

Tú eres la persona que sabe
ver lo bueno en la vida.
Lo sé, porque muchas veces
me ayudaste a hallarlo.

Eres una persona que considera
primero los sentimientos de los demás.
Lo sé, porque siempre
respetaste los míos.

Tú eres una amiga que lo deja
todo para escuchar,
para convertirse en una fuente
de comprensión
y para brindar esperanza y ayuda
de toda forma posible.
Lo sé, porque por siempre
has sido mi faro de salvación.

Sólo pensar en ti
tiene el poder
de iluminar mi día.

— Barbara J. Hall

Eres una inspiración para mí... y para todos los que te conocen

Todo lo que haces es con el espíritu de compartir y cuidar y hacer que tu rincón del mundo sea mejor. Cuando las personas piensan en ti, piensan en una mano amiga, un corazón bondadoso y una de las personas más dulces del planeta. Me maravilla tu fortaleza, tu ternura y toda la fortuna que traes a las personas que tienen la suerte de formar parte de tu vida.

Tú te sacrificas y apoyas y das tanto de ti misma. Y tengo que imaginar que si a veces estás un poco cansada al final del día, es sólo porque te has esforzado tanto para hacer más agradable la vida de todos los demás. Eres buena y amable y generosa y sabia y maravillosa. Eres excepcional.

— Ann Turrell

Eres una verdadera bendición

Cuando cuento mis bendiciones, pienso en ti, Mamá. Tú me das aliento y esperanza. Cuando no sé hacia dónde ir, muchas veces tú sabes decir lo acertado para que yo siga adelante.

Me alegra tener tu sabiduría como guía. Es muy sencillo hablar contigo, y eres una verdadera amiga así como una madre maravillosa. Nunca sabrás cuánto significan nuestras conversaciones para mí.

Es reconfortante saber que estás allí. No te digo lo suficiente cuánto dependo de ti y cuánto valoro tu amor y tu apoyo. Tú te has hecho cargo de mí y continúas fortaleciéndome de manera que mi vida sea más rica y más plena.

Espero que mi vida refleje el amor, la fortaleza y la paciencia como lo hace la tuya. Te amo más cada día y soy tan feliz de tener una madre tan maravillosa... una madre que con su amor hace de mi mundo un lugar más luminoso.

— Shirley Welsh

Te quiero, Mamá, con todo mi corazón

No hay palabras que puedan describir la profundidad de mis sentimientos por ti.

La sola idea de ti me trae lágrimas a los ojos, una sonrisa a los labios y la gratitud más grande que jamás pueda sentir… a mi corazón.

Tu amor es lo que me sostiene a través de más obstáculos de los que puedas imaginar. Atesoro nuestra intimidad así como atesoro toda tu generosidad y comprensión para conmigo. La lista de todo lo que has hecho por mí es infinita, y no creo que pueda contar todas las cosas que marcaron una diferencia para mi corazón y mi felicidad.

Tantas son las veces que tú has sido para mí un suave rayo de sol en mi corazón, enviándome maravillosos augurios, entibiando mi alma, inspirando mis días y dándome ánimo.

Mamá, eres demasiado maravillosa para
expresarlo con palabras.

Pero igualmente quiero decir esto,
porque mereces escucharlo:

Te amo
y por siempre te amaré
con todo mi corazón…

por siempre jamás.

— Ceal Carson